# MERCY GARCIA

# POEMARIO

Se refiere a sentimientos de carácter general, donde predomina el amor, el romanticismo, la devoción por la naturaleza.


Poetiza: Mercedes García Rodríguez
N.I 51020900619
Dirección: Lacret 374 apto. B E/ Cortina y Figueroa.
Santos Suárez. 10 de Octubre.
La Habana, Cuba.

# SENTIMIENTOS
# A
# FLOR DE PIEL

Publicado por
D'har Services
P.O. Box 290
Yelm, Wa 98597
www.dharservices.com
info@dharservices.com
dharservices@gmail.com

Derechos de autor © 2016 Mercedes García Rodriguez

Carátula© Xiomara García

ISBN-13: 978-1939948-40-3

## AGRADECIMIENTO

A mi padre Dios Todopoderoso por regalarme el talento y a mi hermano Paulino García por motivarme a seguir adelante en esta obra poética.

# AL LECTOR

Este poemario es la voz de mi corazón. En el llevo la fragancia de las flores.

Con el Sentimiento a flor de piel, hay tristeza, alegría, hay lazos de amores en toda mi poesía y al ritmo de la prosa de mis versos, sueño, aunque en su lírica hay algo de pena, también le canto a la vida.

Mercedes García Rodríguez.
Poeta

# ÍNDICE

# PRÓLOGO

La obra poética de Mercedes García Rodríguez, lleva al lector a identificar un poemario oral, musical para un buen espectáculo de tertulias, donde la pareja enamorada, encuentra los versos que le identifiquen. La autora se engalana en andar por un camino, donde va desbordando el alma apasionada. Llevando el aroma de las flores sumergida en sus rimas. Sorprendentes historias de amor frustrados, pero no olvidados. Al recordar, eleva su imaginación para identificar que el amor es soñar de dichas, donde siempre hay un espacio para sentirse enamorado y feliz.

Poemario fresco, con elegancia, de emociones nacidas de lo más profundo del alma. Es llenar de besos una flor, cuidando no dañar sus pétalos, unas veces sometidos a la alegría y otras a la tristeza; pero siempre un triunfo, para el amoroso corazón que todos llevamos dentro.

Paulino García
Escritor

# DOS COPAS

Éramos uno solo
y tocábamos el cielo
como almas gemelas
que compartían una gran ilusión.

Fue en una noche el robo
sorprendido esté cariño
de dulce vino rojo
escapó el ladrón con el amor que se
llevó.

Como potros salvajes
corriendo juntos frente al vendaval,
se rompieron los te quiero
como fino cristal.
Hoy buscamos un consuelo
porque no podremos llorar.

Y como burbujas de suspiros,
con el ánimo afligido,

seremos los dos
un par de copas vacías
que ya no podrán bridar.

# MI MUSA Y YO

Florida senda transita mi musa,
con su alegre risa anda en mis
jardines,
como un ángel en mi soledad triste.

Mi musa con gracia bendita,
entra en mi cuarto cuando estoy
solita,
se sienta a mi lado, hacemos un
trato.
Con magia divina, yo pongo la
prosa, ella me da rimas
y le damos luz a mi poesía.

Si me ve llorando me presta el
pañuelo,
se mete en mi mente, me dicta los
versos.
Pongo paz en mi cuerpo,
me envuelvo en silencio.
Suspiro ternura, busco mis secretos
y me elevo, me elevo hasta el cielo.

La musa es mi amiga,
conmigo anda y anda,
me quita las penas, me regala
fragancias,
cuando yo quiero la mando a buscar
y ella viene y viene.

Me lleva a los sueños con tal
hechizo,
volando en una estrella de blancos
claveles,
cultivo en mi lírica y en toda mi
prosa,
en todos mis poemas, las más bellas
rosas.

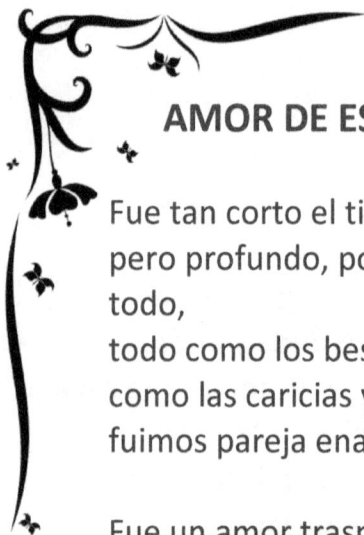

# AMOR DE ESTRENO

Fue tan corto el tiempo que lo tuve,
pero profundo, porque nos dimos
todo,
todo como los besos y los suspiros,
como las caricias y el cariño,
fuimos pareja enamorada.

Fue un amor trasparente
convertido en pedazos de cristales,
como el hielo al caer.
No pude cruzar sus fronteras
y en el río de su vida,
he nadado en contra de sus
corrientes.
Sus ojos azules viven escondidos
por todos los poros de mi piel.
Con suave cantos de sirenas
sueño, me envuelvo en sus olas,
en sus brazos duermo y me lleva a
la arena.

Junto a mi almohada y poemas
nuestro amor fue el primero, de
estreno
nuestros cuerpos no contactaron,

pero los corazones están llenos de
detalles,
la distancia nos llevó por otros
rumbos,
pero sentimos un amor profundo.

Tus ojos azules son el manantial
claro,
donde se apaga la sed de mis
mañanas.
si estoy marchita soy rocío de
madrugadas
y en todo un rosal, soy la más
florida.

Las corrientes de los ríos, llegarán
con mantos
infinitos de llantos hacia los mares
distantes,
las hojas del otoño pasarán muy
tristes,
porque  no podrán vernos florecer.
¿Qué pasará con el tiempo?
Seremos ya viejos.
 Pero nuestro primer amor,
 será el de estreno.

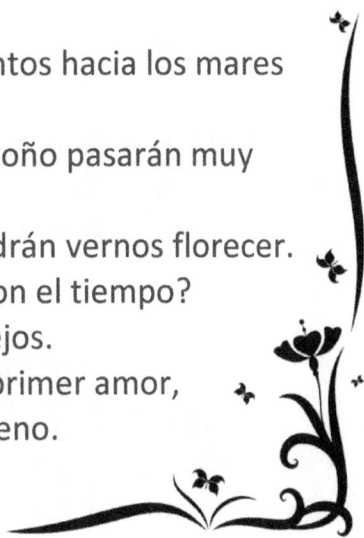

# SENTIMIENTOS A FLOR DE PIEL

En el otoño de mi vida,
las hojas de mis amores
llevan una loca y abatida pena,
unas veces tristes y otras alegres.

Son mis ritmos melodiosos los que me
inspiran,
le di a mi vida algo de poesía, y así
ahogaba,
la des venturanza nostalgia que me
perseguía.

Sentimientos que florecen y me
deslumbran,
en esta inmensa gloria, sálvenme de la
melancolía,
déjenme amar como se aman,
los suspiros y los besos.

Déjenme confundirme como las caricias y
el cariño,
denme los colores del arco iris
en mis tardes tristes y frías.

18

Sentimientos quítenme la corona de
espinas,
para vestirme con los nardos perfumados,
y como alegres cascabeles,
dar mí más tierna sonrisa.
Llegar a la cima y en feliz encuentro,
que broten y se abran todos los botones
de las flores,
por todos los poros de mi piel,
con el frescor del rocío de mis lágrimas.

Sentimientos, háganme vivir en la perfecta
calma,
regálenme la miel que del capullo robó la
mariposa,
que como dulce manantial brotará por
siempre,
en lo más bello de todo mi ser.

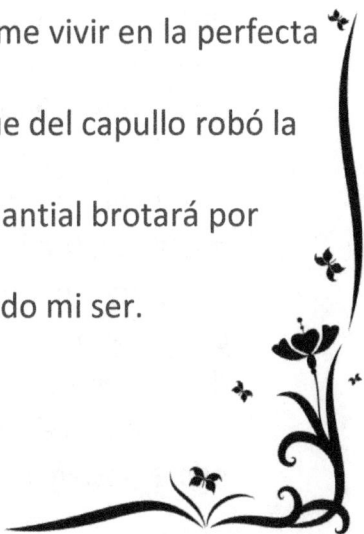

## ENTRE SABANAS

Revolcándome entre sábanas
que preguntan por ti
conversando con mi almohada
suspiros de esperanzas, brotan de mi alma
cuando logro dormir, entras en mis sueños
me abrazas, como ángel enamorado me
besas.

Comienza una agonía ansiosa
que sube la fiebre, donde fluye un sudor
de miel
de un ensueño del que no logro despertar.

Transitamos entrelazados piel con piel
hasta llegar a la gloria
donde quedamos prisioneros
es este amor tan fiero
de tal goce codiciable
que todo el aroma de las flores
nos embriagan en un río de fuego.

La pesadilla también enamorada
te atrapa y en su enredadera de fantasías
hace la noche aún más larga.

La clara y fresca mañana
me despierta, con su aire de jazmines
me acompaña para buscar tus huellas.

Regresando cansada de mi afanoso
intento
llego a mi cama, a reposar mi cuerpo
y con infinita pena, entre jirones me
revuelco
en un loco frenesí, pensando
¿Qué le diré a mis sábanas, cuando
pregunten por ti?

# LA PALOMA

Blanca con su traje de perlas
se ponía bella la paloma,
revoleteado en las palmas de tus manos,
la seducías y  hacías prisionera.

Con sus ojos soñadores y su dulce vuelo
de su nido solitario, a tu deseado alero
aleteaba con sus cantos melodiosos
buscando tu cariño y tu consuelo.

Se posó deseando un feliz encuentro
en tus ramas la hincó la espina,
y con sus débiles alas sangrando se fue
escapando, huyendo de tus manos frías.

La paloma con su alma herida
al cielo se elevó llorando,
y en las sendas del silencio,
se oculta del frío y lo triste del invierno.

Te asomarás quizás un día en tu ventana,
mirando tu jardín en primavera.
Reconocerás aquella paloma blanca,
que de su fuga desesperada y delirante,
quiso olvidarse por siempre de su amante.

# SI PUDIERAS SOLAMENTE

Si pudieras solamente
un instante verte
si pudiera en tus labios
imprimir un beso tiernamente.

Si pudiera respirar de tu aliento el aire
sería la dicha divina
que siente el corazón
cuando una herida olvidada
ya no duele.

Si pudiera solamente un instante verte
calmarías la sed de este amor
que me quema y me da fiebre.

Si pidiera solamente, un instante verte
se abrirían todos los botones
de las flores del jardín triste
y la sonrisa perdida
volvería a parecer de repente
si pudiera solamente
un instante verte.

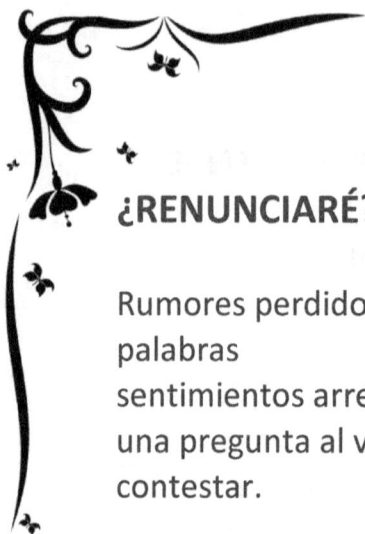

## ¿RENUNCIARÉ?

Rumores perdidos, e inconfesables
palabras
sentimientos arrepentidos, con triste pena
una pregunta al vacío, no me puedo
contestar.

¿Renunciaré, a los besos que se llevó la
arena
y a los sueños que se llevo la ola
enamorada?
Te extrañaré y buscaré tus sueños y tus
besos
andando por senderos de silencios.

¿Renunciaré a la voz del corazón que te
llamaba?
¿Renunciaré a tú pasión de fuego
que armonizó con la lluvia amorosa mía?

¿Renunciaré a los claveles blancos que me
regalabas?

Los claveles blancos te recuerdan y en mis manos
lloran y tristes caen sus pétalos.

¿Renunciare al consuelo que acaricia
tiernamente el alma? ¿Y le daré paso a la nostalgia?
La brisa fresca llegará a ti con su aire de jazmín
acompañando el suspiro que desmayará mis lágrimas.

¿Renunciaré a amarte? No, no podré.
Y como la tierna flor que acaricio
como una hermosa melodía del más tierno poema.
Así, por siempre sabrás que no renunciaré.

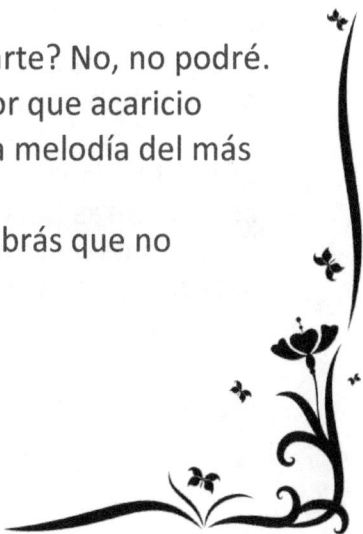

# COMO TE AMO YO

Como te amo yo
escalaría contigo las montañas
y juntos los dos con nuestras manos
alcanzaremos las estrellas tan altas
que nadie ha podido alcanzar.

Como te amo yo
nadaría contigo al fondo de los mares
y sumergidos los dos
encontraremos los corales
que nadie a podido encontrar.

Como te amo yo
caminaría contigo el desierto
y juntos los dos convertiremos
las arenas en manantiales de besos
y lograremos eso, eso
que nadie ha podido lograr.

Como te amo yo
con nuestras flechas de amores
llegaremos a la luna, a entregar
los aretes como regalo del sol
y les entregaremos lo que nadie pudo
entregar
así es como te amo yo, como te amo yo.

# YA NO ME QUIERES

Ya no me quiere, ya no me amas
ya te soy indiferente
pero sé que en el fondo recíprocamente
un impacto de amor llegó muy adentro.

Te he dicho en mis versos
mi alma y mi vida
he sido para ti un libro abierto
no hay ingratitud, te lo confieso
mi vino contigo, ha sido transparente
si pudiera ir hasta ti
darte un abrazo y un beso ardiente
saciaría las ansias que tengo de verte.

Aunque ya no me quieras
donde quiera que estés
te deseo mucho amor y tengas buena
suerte
no te diré adiós, nunca lo pienses
me atrevo asegurarte, que tú en mi
vivirás por siempre.

# ÉL ES MI AMIGO

Él es mi amigo del alma
y mientras su amistad, me ofrece
yo en silencio y sin él saberlo
lo amo profundamente.

Él es mi amigo, que como tal se
porta
que me aprecia,  me es leal
pero no se da cuenta
que esquivo su mirar
que me hace estremecer y suspirar.

Él es mi amigo, que no quiero
perder
que me cuenta sus triunfos y penas
y para mi es un privilegio poderlo
escuchar.

Él es mi amigo
que a mi lado siempre está
en las malas en las buenas
en el que yo puedo confiar.

No sé hasta cuánto podré aguantar
para que conozca mis sentimientos
no pongo fecha, sino tiempo y
silencio.

Él es mi amigo, del alma
que como una azucena blanca
me extasía con su aroma
y prendido en mi ojal anda
el es mi amigo para siempre
mi gran amigo del alma.

## AMOR EN SILENCIO

Este amor en silencio
que me está ahogando, me está
ahogando
por no confesarlo.

Me siento junto a un arroyuelo
contemplando el cielo muy nublado
y un nostálgico pensamiento
como un destello de luz
me dice, debes confesarlo.

Y como un vendaval que agita mi
cuerpo
correría como la brisa a despeinar
tu pelo
y tocando tu piel, mirándote a los
ojos
rompería el silencio, que me dice
debes confesarlo.

Y si algún día durmieras, a mi lado
y yo durmiera en tu regazo
y el corazón, me dice, debes
confesarlo
entonces te lo diré muy bajito
como un suave susurro.

Y mi espíritu se sentirá tranquilo
de sentir al fin el dulce alivio
de confesar este amor
que llevo en silencio
y me está ahogando y ahogando
por no confesarlo.

# MELANCOLÍA

Melancolía, no te das cuenta de la pena
mía
que soy limosnera de amor
en este valle, en esté monte sin sol
andando entre sombras vago
buscando la llama encendida de su amor
para abrigarme de su calor.

Melancolía, no te das cuenta
que deseo recordarlo con alegría
la sonrisa se fue y no la pude retener
y las rosas sus colores palidecen
por las frases nunca dichas.

Melancolía, no te das cuenta
que te abrí las puertas y entrantes
pero si el volviera amarme
tendrás que irte melancolía
para que darnos y amarnos hasta el
amanecer.

Y te darás cuenta melancolía
que te diré adiós
y te llevaras la pena mía y te llevarás la
pena mía.

## CUANDO TÚ PRONUNCIAS MI NOMBRE

Cuando tú pronuncias mí nombre
vibran las cuerdas de mi corazón
y como notas musicales
tú voz, tú voz, se convierte en canción.

Cuando tú pronuncias mí nombre
las estrellas se asoman sin ser de noche
y alumbrando mis amores
hacen de su luz un fugaz derroche.

Cuando tú pronuncias mi nombre
el río se desborda de ilusiones
y el campo, los rosales
despiertan llenos de flores
cuando tú pronuncias mí nombre.

# TE AMARÉ

Te amaré, te amaré
porque tú amor se sembró
en la tierra infinita de mí ser
y tus raíces manan
por todos los poros de mi piel.

Te amaré, te amaré
porque tú amor quedó anclado
en las profundidades del torrente de mi
sangre.

Te amaré, te amaré
porque tú amor quedó atrapado
como un fabuloso tesoro
y aquí escondido, vivirá
por siempre en mi corazón
te amaré, te amaré.

## LA ALONDRA

Yo que te amo tanto
déjame entregarte lo mejor de mí
dame una noche sin fin
quiero envolverme en la miel de tú piel.

Y como un río de fuego
acariciarte con mis manos caprichosas
darte un beso eterno
y ser feliz, con tu risa loca.

El tiempo apremia
que importa el mundo
si ya el rosal infinito
nos cubrió con su manto
quiere cantar la alondra
y frente al mar
que se abran todas las rosas.

# TODAVÍA

Dentro del silencio sueño
sentada en mi lecho tibio todavía
en mi corazón, de ti hablan mis latidos
la lámpara encendida y a través
de tu sombra se reflejan los recuerdos
solo una flor seca y descolorida
como únicas testigos y las calladas
lágrimas que en penumbras por ti lloran
todavía.

No fue nuestra culpa
hermosa historia, glorias, armonías
espantados gimieron los alegres árboles
al ver despojos miserable, contiendas
confundidas
los ángeles tristes se fueron
y desde lejos contemplaron
los aplausos de la envidia
que en murmullos se movía
fue sellada mi boca

que sin confesión, solo saborea la perdida
dicha
y con temor vive enmudecida la lengua
todavía.

Mi empeño fue que volvieras
y en mi camino sombrío
como una piedra solitaria
me envejecía en el tiempo
siempre llevaré prendidas
palabras del sacrificio callado
no hablaré, escribiré poesías
y en un poema dejaré plasmado
con un manojo de rimas
lo que yo te quiero todavía.

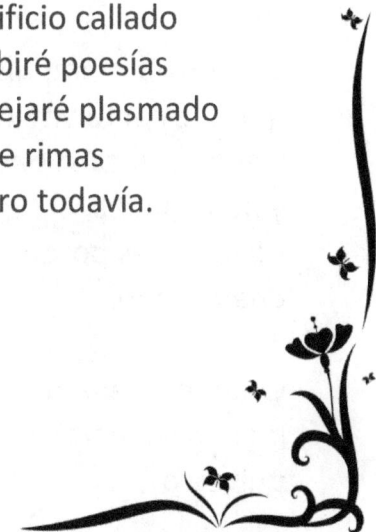

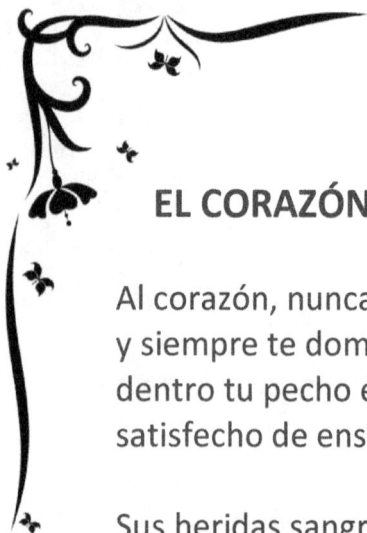

# EL CORAZÓN NO ENVEJECE

Al corazón, nunca lo ahoga el desaliento
y siempre te domina el pensamiento
dentro tu pecho él anda siempre
satisfecho de ensueños llena tu vida.

Sus heridas sangran
cuando lo abisma el cruel quebranto
pero de nuevo se levanta
y late, repartiendo
la fragancia de su encanto.

El corazón es impulsor de tal flechazo
que presiente y te colma con sus nardos
y gime con canciones tus pesares
y no lo dudes, el seguirá siendo joven
no lo dudes porque por hechizos vive
enamorado.

Cuando se enamora es como un ciego
que en su marcha, quiere recorrer el
universo

y nada en un torrente de ilusiones
aunque una y otra vez, caiga
en la trampa de las aparentes aguas que lo
arrastran.

El tiempo va pasando y entre placeres
el pálido fantasma de la vejez
lo haga más lento
y como copos de nieves, sean sus canas
y como arroyo sereno es su mirada
que en fabulosos renglones
dejará plasmado, sus consejos
experiencias y añoranzas.

El corazón es inmortal, nunca envejece
y la juventud del alma, lo acompaña
siempre
aférrate de ella y hasta tus días finales
con ella anda, levántate y duerme.

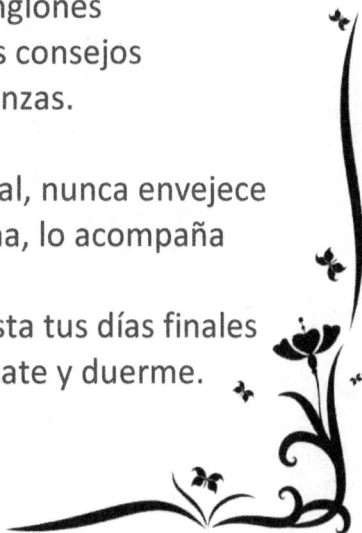

## LA JAULA

Abrí las puertas de tú jaula
en contra de mi voluntad
para que volarás y volarás
en busca de tú felicidad
esperé que retornaras
pero alguien te cortó las alas
para que no regresarás más.

Miro al cielo
y contemplo las palomas
como se aman
sé que tú corazón no está preso
sé que mandas a volar tus
pensamientos
y aún tras las rejas que te imponen
piensas en mí.

¡Ay amor!
Que tan alto ha sido el precio
de una libertad apresurada
guardo tus costumbres, las cintas
las flores, los caracoles
los que recogiste en la playa.

Duermo junto a tú almohada
siento el beso,
dulcemente en la mañana
algún día romperás las cadenas
escaparás por alguna ventana
y volarás a tú jaula
donde tendrás
 las puertas abiertas.

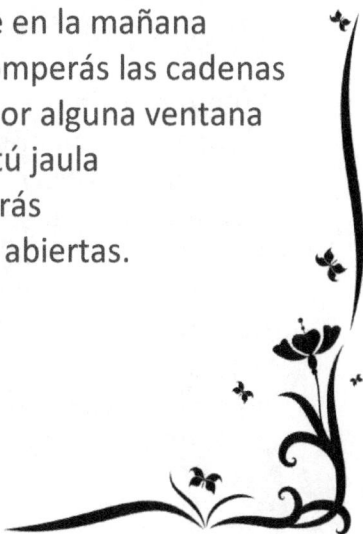

# TENDRÉ QUE OLVIDARTE

Tendré que olvidarte, aunque me duela
no tengas pena, no me debes nada
te agradezco los momentos
de felicidad que ya me distes
la culpa es mía, si lo sé
que me entre en tú mundo, donde no
debía
y hoy, tendré que olvidarte, aunque me
duela.

Eres un amor imposible
me enamoré de ti sin saber
que tú corazón ya tenía dueña
has invadido todo mi ser
mi alma aferrada llora
serás mí más bello recuerdo
y tendré que olvidarte, aunque me duela

Cuando te sientes frente al mar
recordarás con añoranzas
mis palabras tiernas y sinceras
y cuando llegue el invierno
en la tristeza de la tarde
me ocultaré en un lugar muy lejano
para olvidar tanta pasión
y esta despedida
y tendré que olvidarte,
aunque me duela.

# ESTÁS AUSENTE

Por las noches a solas en mí cuarto
te imaginado miles de veces
he creído escuchar tus pasos
sentir tus labios
pero estás ausente.

Estás en mí mundo siempre
en cada estación del año
en mis risas, en mis cantos
estás en todo lo mío
porque añoro tú cariño.

Si pudiera pintar, así lo haría
el amor que con esmero te ofrecía
y en un paisaje describirte
la melancolía que se desgarra
de mi alma herida.

Y estarás siempre
aunque el tiempo pase
y las canas cubran mis cabellos
aún en mí lecho de muerte
mí último suspiro serás tú
¡Aunque esté ausente!

43

# TE NECESITO PORQUE TE QUIERO

En está triste soledad
solo me acompaña tus recuerdos
mis brazos te buscan
y solo encuentro un vacío en el espacio
mis labios buscan tú boca
para sentir el aire de tú aliento
te necesito porque te quiero.

Te necesito porque te quiero
hoy te vi en el ocaso de la tarde
quisiera no verte, pero no puedo
por más que intento, no puedo
es esté amor sincero, en secreto
¡Qué cobardes fuimos lo sabemos!

Si algún día, pudieran unirse nuestras
razones
y vivir de esté amor su gran verdad
porque mi vida sin tú amor será un
martirio
trataremos de ser feliz, de una manera
pero sé que ha de juzgarse este cariño,
porque te necesito, ¡Porque te quiero!

# TU LLAMADA

Necesito saber de ti siempre
si tú me llamas a todo me atrevo
abrazándome a tu cuerpo
te confesaría lo mucho que ya te quiero.

Una llamada tuya significa la razón de mi
existir
eres el rocío en mis mañanas
eres la almohada donde reposan mis
pensamientos.

Siento regocijo cuando me llamas
y esa dicha borra las penas
de mi corazón
necesito que me llames
donde quieras que te encuentres
y siempre te responderé
gracias, mil veces gracias
amor mío por llamarme,
amor mío por llamarme.

# TRAS TUS PASOS

Caminando a tientas
tras tu rumbo ando
no sé, si te alcancé
si me detenga en vano.

Paso, a paso, avanzo
recordando el beso
que al marchar me distes
que en mí prendido anda
aferrado siempre en mis labios.

Sé que me quisiste
me lo dicen las flores
tras ellas escribiste
en pequeñas tarjetas
frases que encierran
un amor grande.

Pasarán los años
trayendo consigo los nuevos
almanaques
como de costumbres sus cuatro
estaciones
seguiré esperándote
contemplando la estrella lejana
quizás algún día te cuente
de todas mis penas y añoranzas.

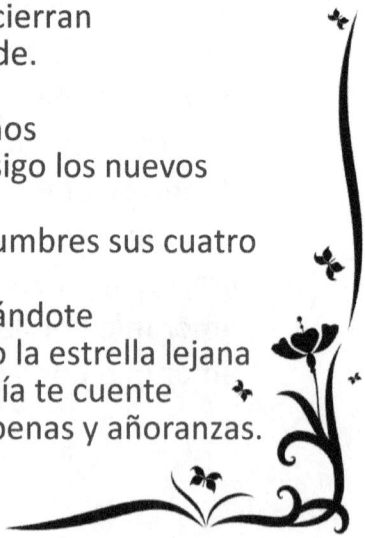

# CON LA VOZ DEL CORAZÓN TE LLAMO

Con la voz del corazón te llamo
te vas, te vas me dejas sola
envuelta en mi dolor
con la voz del corazón te llamo.
¡No me dejes por Dios que yo te amo!

Tú desprecias sin piedad
mi amor, mi cariño
no te importa saber cuánto te quiero
pero en el alma llevarás la penitencia
que algún día te señale la conciencia.

No te puedo exigir que me ames
no te puedo obligar que me comprendas
eres libre de querer a quien tú quieras
mientras tanto aquí, yo muero de tristeza
te vas y me dejas muerta en vida
con la voz del corazón te llamo
no me dejes por Dios
¡No me dejes por favor, que yo te amo!

# HE LLORADO POR TI

Amor he llorado por ti
y tú no lo sabes
te he soñado
y te he visto a mi lado feliz
todo ha sido un sueño.
En las mañanas al despertar
lágrimas de amor
 he llorado por ti.

No sé en qué fallé vida mía,
perdóname si así fue
fuiste mi primavera,
mi atardecer
pero siento que te alejas más de mí.
Siento una inquietud,
una nostalgia
siento la soledad que me persigue
siento que cae mi llanto.
¡No sabía que te amaba tanto!

En los poemas que escribo
son porque en ti me inspiro.
Sobre el papel, gotas manchan la
tinta
¡Porque he llorado por ti!

Tu amor será inolvidable,
no tendrá fin
tu amor será como un suave aroma
que dejará marcado tu olor en mi.
Tu amor será como las rosas,
¡Como las rosas que siempre tendrá
mi jardín!
Me siento dichosa en nuestra bella
historia de amor
y aunque tú no lo sabes
¡Amor! ¡Amor!
¡He llorado por ti!

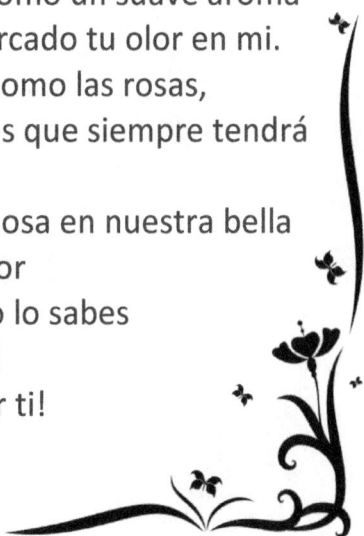

www.ingramcontent.com/pod-product-compliance
Lightning Source LLC
Chambersburg PA
CBHW021228020426
42331CB00003B/511